AF338804

M. F. COLIN

DOYEN HONORAIRE

DE LA FACULTÉ DES LETTRES DE STRASBOURG.

NOTICE LITTÉRAIRE ET BIOGRAPHIQUE

lue à la séance de la Société littéraire de Strasbourg
du 11 juillet 1865

PAR

LOUIS SPACH

ARCHIVISTE DU DÉPARTEMENT DU BAS-RHIN.

STRASBOURG

TYPOGRAPHIE DE G. SILBERMANN

1865.

M. F. COLIN

DOYEN HONORAIRE

DE LA FACULTÉ DES LETTRES DE STRASBOURG.

NOTICE LITTÉRAIRE ET BIOGRAPHIQUE

lue à la séance de la Société littéraire de Strasbourg
du 11 juillet 1865

PAR

LOUIS SPACH

ARCHIVISTE DU DÉPARTEMENT DU BAS-RHIN.

STRASBOURG

TYPOGRAPHIE DE G. SILBERMANN

1865.

M. F. COLIN

doyen honoraire de la Faculté des lettres de
Strasbourg.

NOTICE LITTÉRAIRE ET BIOGRAPHIQUE

lué à la séance de la Société littéraire de Strasbourg
du 11 juillet 1865.

Il y a un an à peine, j'ai eu l'honneur, à
pareille époque, de vous entretenir de l'un de
nos confrères, qui venait de nous quitter pour
un monde meilleur, où les succès littéraires
les plus légitimes disparaissent sans doute
dans la brume lointaine des illusions terres-
tres. En attendant, il est de notre devoir d'ho-
norer et de conserver la mémoire des morts.
M. Matter a laissé dans notre cercle une place
vide ; et maintenant la tombe vient de se fer-
mer sur la dépouille mortelle d'un autre collègue, non moins regrettable. Ce n'est pas
que M. Colin ait atteint le même degré d'il-
lustration littéraire et scientifique que M. Matter ; il n'a point été polygraphe comme l'auteur de « l'Ecole d'Alexandrie » ; mais il a été,
comme lui, une fois du moins, lauréat de
l'Institut, et, de plus, il a été l'un des créa-
teurs de notre Société. Sans cesse il a formé
pour notre existence et notre consolidation

des vœux, qui, j'aime à le penser, ne seront pas illusoires.

M. le doyen actuel de la Faculté des lettres m'a devancé dans la tâche de parcourir la carrière laborieuse de feu M. Colin. Ne pouvant que glaner après lui, je devrais peut-être m'abstenir; mais M. Colin a le droit d'occuper une place dans notre bulletin; et je remplis ici un devoir de gratitude envers le défunt, en rappelant que la formation du premier noyau de notre réunion lui appartient ainsi qu'à M. Lereboullet.

Vous ne doutez point, Messieurs, de la bonne volonté qu'aurait eue M. Colin de nous donner des preuves de son intérêt, en participant activement à nos travaux, si la cruelle maladie à laquelle il vient de succomber n'avait depuis plusieurs années neutralisé ses forces et son ardeur. Nous avons gardé le souvenir des soirées où il a bien voulu nous mettre dans la confidence de ses inspirations poétiques, en nous conduisant soit au fond de la Russie, soit dans la pittoresque île de Saint-Pierre, soit en nous initiant, par un récit à la fois naïf et ingénieux, à la dangereuse tentative d'un développement intellectuel trop précoce. La figure du malheureux auteur de la nouvelle Héloïse, et la douce physionomie d'une jeune fille, étiolée par une éducation imprudente, ont passé sous nos yeux comme une apparition magique dans les vers charmants de notre collègue. Avec une rare modestie, le poëte a refusé de les livrer au recueil de nos actes ; mais je les réclamerai maintenant, en votre nom ; ces récits orneront nos pages de leurs gracieuses arabesques, et en les redisant, nous croirons entendre l'écho affaibli de la voix de ce confrère qui nous a prématuré- ment quittés.

Plusieurs personnes ont été étonnées de dé- couvrir dans M. Colin cette source d'inspira- tion et de veine poétique ; on le croyait tout entier absorbé par des études austères. Quant à moi, je n'ai nullement été surpris de la tendance qu'avait notre confrère de confier, dans la solitude, ses impressions à un lan- gage rhythmique. On n'aime point, comme il a fait, les bois, les montagnes, les torrents et tous les accidents de la nature cham- pêtre ; on ne passe point, comme lui, avec prédilection, tous les moments de loisir au milieu des sites agrestes ; on n'a point, comme lui, la passion des fleurs et des oiseaux, sans être quelque peu le favori des muses. D'ail- leurs, la carrière même de feu M. Colin, cette vie familière et intime avec les grands génies de l'antiquité était de nature à allumer en lui le feu sacré, même s'il n'en avait eu les matériaux déjà tout prêts dans son sein. Espérons que cette partie de son héritage intellectuel ne sera point perdue pour ses nombreux amis et pour le public d'élite, amateur de beaux vers.

Deux ouvrages imprimés continueront à assigner à feu M. Colin une place honorable dans les fastes de la Faculté des lettres de Strasbourg. Sa traduction complète de Pindare, avec un beau discours préliminaire, a été couronnée par l'Institut, après lui avoir valu, dès le premier moment de la publication (en 1841), le suffrage de tous les hommes compétents. Je n'apprends rien à personne d'entre vous, Messieurs, en rappelant que M. Colin était un helléniste distingué ; il avait mis largement à profit sa position à Strasbourg, en consultant les trésors d'érudition de la philologie allemande, en s'assimilant les résultats de la science de Heyne, de Herrmann, de Bœckh, de Dissen. Ces dissertations ingénieuses, mais ardues, mais inaccessibles au public lettré de la France, et réservées seulement aux savants de profession, ont été, pour M. Colin, traducteur de Pindare, une source où il a puisé, et dont il a rapporté le limpide breuvage dans une coupe couronnée de fleurs.

Les pages qui, dans l'œuvre de M. Colin, servent d'introduction à l'analyse et à la reproduction en français des *Odes de Pindare*,

sont un modèle du genre, c'est-à-dire,
qu'elles nous initient dans la véritable signi-
fication de ces chants de triomphe; dans leur
langue, dans leur métrique, dans leur struc-
ture et leur plan complexe; elles nous ensei-
gnent comment ces Odes furent récitées, ou
plutôt « représentées. » — Et lorsque le traducteur aborde les Odes mêmes, lorsqu'il es-
saie de se constituer le fidèle interprète de ce
langage métaphorique, en apparence si fan-
tasque et si capricieux, qui a fait le désespoir
de tous les savants qui ont essayé de lutter
avec ces strophes, ces antistrophes, ces épo-
des sublimes mais de prime abord inintelli-
gibles, ce traducteur accomplit sa tâche avec
une souplesse qui, à elle seule, devait révé-
ler en M. Colin un poëte artisan de beau
style. Et cette œuvre, il la termine sans tour
de force, en respectant toujours « la chaste
nudité d'une phrase sévère. » M. Colin expli-
que et résume son système de traduction en
quelques termes concis : « Ce n'est pas celui
que M. de Chateaubriand a suivi pour Milton,
mais celui que Paul-Louis Courrier a tenté. »

Dans l'analyse, dans l'appréciation intime
de Pindare, M. Colin fait, de préférence, res-
sortir les rares qualités du *poëte-moraliste*.
« Pindare n'effraie point comme Pascal; il
n'humilie point comme Larochefoucauld ; il

ne divertit point comme Labruyère ; mais il leur est supérieur en un point ; il console l'âme, et par un artifice que n'ont pas même soupçonné d'aveugles détracteurs, l'apologiste gagé de la richesse et de la puissance est plus qu'aucun autre poëte, le poëte des malheureux.... » (p. 78).

« ....La pensée de Pindare ne vient point de la tête, mais du cœur. ...Qui n'est touché de l'entendre demander à Arcésilas la grâce de Démophile ?...

> D'une terre chérie
> C'est un fils désolé ;
> Rendez une patrie
> Une patrie
> Au pauvre exilé.   (BÉRANGER.) »

En écrivant et en publiant ce beau travail sur Pindare, M. Colin, qui occupait alors, jeune encore, la chaire de rhétorique au collége royal de Strasbourg, M. Colin pouvait, à bon droit. inscrire sur le frontispice de son œuvre les paroles de son poëte favori : « Les travaux honnêtes de la jeunesse assurent au vieillard une vie paisible. »

Je remplacerai seulement le terme de *vieillard* par celui d'*homme*, car il est donné à peu de privilégiés de recueillir pendant une longue et verte vieillesse les fruits de leurs travaux.

En 1855, M. Colin, en sa qualité de professeur de la Faculté des lettres, avait prêté son concours aux lectures publiques, qui attirèrent pendant plusieurs mois un nombreux auditoire dans une vaste salle de l'Hôtel-de-Ville. Les leçons ingénieuses qu'il fit à cette époque avec un incontestable succès, ont servi de fondement à un volume intitulé : *Clef de l'histoire de la comédie grecque.* Ce petit volume, qui cache sous une forme piquante beaucoup d'érudition, a été publié, si je ne me trompe, en 1856. Par une inexplicable bizarrerie, l'auteur n'a point mis de millésime ni sur le frontispice ni à la suite de la préface, où il rappelle, avec une verve mordante, l'origine du livre : « Je me suis réglé sur le goût de l'auditoire, dit-il ; à Strasbourg, ville guerrière et littéraire, fière de son origine allemande, on incline respectueusement le drapeau devant toute œuvre solide qui vient d'Allemagne ; mais à Strasbourg on aime aussi un livre net, vrai, vif, parce que l'on est Français d'éducation et d'affection. » Ces qualités de la netteté, de la vivacité, de la sincérité, plutôt que de la vérité absolue, se trouvent dans l'œuvre de M. Colin, de même qu'elles se produisaient dans sa conversation et dans son cours public. M. Colin était primesautier ; il apporte dans l'exposé de ses doctrines ou dans le résumé de ses recherches les avantages et les inconvénients de cette tournure d'esprit. Ainsi, dans la *Clef de la comédie grecque*, M. Colin bataille peut-être outre mesure avec Marheinecke et A. Guillaume Schlegel ; je ne dirai point qu'il les dénigre ; mais ce dernier, cet esprit éminent, encyclopédique, Schlegel, le premier révélateur de la littérature sanscrite, l'appréciateur fin et habile des poëtes dramatiques grecs et anglais, n'est point jugé avec une entière impartialité par M. Colin. Ce qui me sourit le plus dans l'œuvre de notre collègue, c'est moins la partie esthétique, ce sont moins les recherches sur les origines de l'action et de l'art comique, que ses chapitres érudits sur Epicharme, sur le caractère et l'influence de ce poëte sicilien. On y recueille, sans fatigue, une instruction variée sur une partie moins connue et encore en litige de la poésie dramatique grecque. Certains chapitres précédents, au contraire, — par exemple, celui sur la danse, ne me paraissent pas libres de toute afféterie. Le caractère de M. Colin le portait quelquefois irrésistiblement vers le paradoxe, et ce qui dans l'improvisation ou la parole rapide d'un cours public attache et charme un auditoire mixte, ne résiste pas toujours à l'épreuve plus calme de la lecture.

Il n'est personne d'entre vous, Messieurs, qui ne sache quelle a été la carrière parcourue par M. Colin à Strasbourg même ; ses antécédents, avant d'arriver ici, sont moins connus.

Né à Epinal, en septembre 1801, et fils d'un principal de collége, la carrière de l'enseignement était toute tracée devant lui. C'est dans.le modeste collége de Phalsbourg qu'il a débuté comme maître d'études ; et il a successivement passé en cette qualité ou comme professeur dans les colléges de Mulhouse, de Troyes, de Limoges, de Saint-Dié ; dans cette dernière ville il a conquis de solides et respectables amitiés, qui ne se sont jamais démenties.

M. Colin est arrivé à Strasbourg comme professeur de troisième en 1836 ; à partir de 1842, il a fait partie, comme professeur suppléant, de la Faculté des lettres ; professeur titulaire en 1845, doyen et décoré en 1855, il a pris, en 1859, sa retraite. Ses élèves et ses amis ont pensé que cette détermination était trop précipitée ; mais elle tenait évidemment à une sensation, à un pressentiment intime ; peut-être M. Colin espérait-il, dans une vie calme et retirée, conjurer le mal dont il éprouvait les premières atteintes.

M. Colin était le seul soutien d'une mère presque nonagénaire, qu'il allait visiter plusieurs fois par an dans une commune écartée du département des Vosges. Nous aimons à croire que le chef de l'Université de France mettra cette honorable vieillesse à l'abri du besoin et que l'Etat prendra la place du fils pieux et dévoué.

Si vous me permettez, Messieurs, de mêler un souvenir personnel à cette esquisse de la vie littéraire de M. Colin, je dirai que pendant un séjour assez prolongé au pied des montagnes de la Forêt-Noire j'ai eu l'occasion, il y a onze ans, d'apprécier les qualités intimes de M. Colin, et de jouir de ses attentions pleines d'une exquise délicatesse. Je lui en ai gardé une reconnaissance mêlée de regrets, car je n'ai guère été en mesure de lui rendre la pareille; il est mort, sans que j'aie eu la triste satisfaction de le revoir encore une fois pendant cette crise douloureuse, qui l'a enlevé à ses devoirs de piété filiale. En me trouvant, le jour de l'enterrement, à côté de son cabinet d'études et de cette bibliothèque de choix, lentement collectée, en voyant ces groupes de plantes exotiques et indigènes, dont il ornait son modeste appartement, j'ai été saisi d'un indicible serrement de cœur, et je me suis rappelé les paroles sacramentelles de son poëte favori: σκιᾶς ὄναρ ἄνθρωπος (1).

(1) « L'homme est le rêve d'une ombre. » M. Colin est mort le 4 juillet dernier, à l'âge de 63 ans et 9 mois.

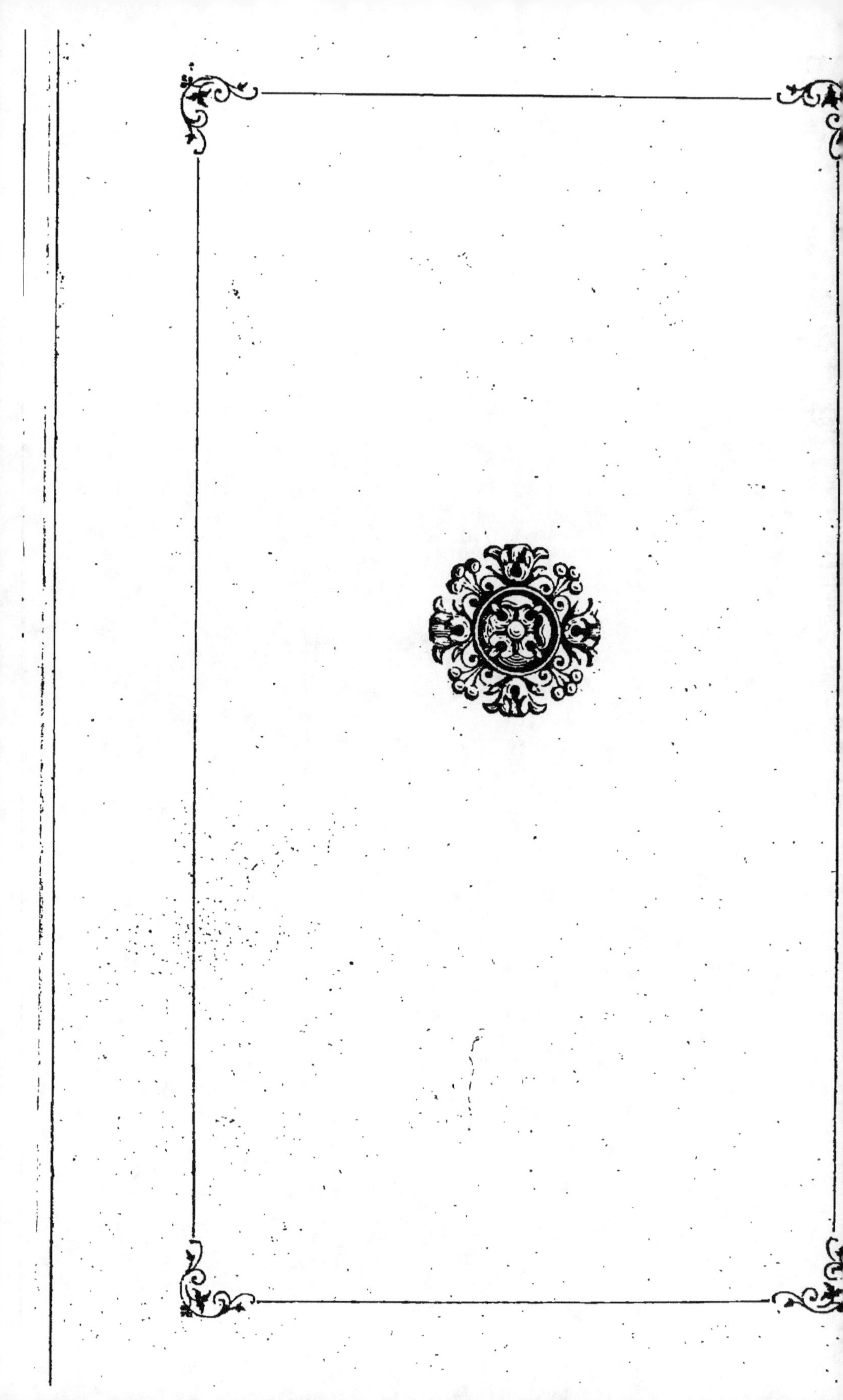

BIBLIOTHEQUE NATIONALE DE FRANCE
3 7502 00987929 9

9 782012 469570